장인원 시와 수필집

괜히 왔다,
그냥 간다

괜히 왔다, 그냥 간다

2022년 11월 15일 제 1판 인쇄 발행

지 은 이 | 장인원
펴 낸 이 | 박종래
펴 낸 곳 | 도서출판 명성서림

등록번호 | 301-2014-013
주　　소 | 04552 서울시 중구 삼일대로8길 17 3~4층(충무로 2가)
대표전화 | 02)2277-2800
팩　　스 | 02)2277-8945
이 메 일 | ms8944@chol.com

값 12,000원
ISBN 979-11-92487-73-1

※ 잘못 만들어진 책은 바꿔드립니다.
　 이 책 내용의 일부 또는 전부를 재사용하려면
　 반드시 저작권자의 동의를 얻어야 합니다.

장인원 시와 수필집

괜히 왔다,
그냥 간다

도서출판 명성서림

시인의 말

언제부터인가
나는 누구일까?
왜 여기 있을까?

마치
스님의 화두같은 생각에
내가 할 수 있는 것은
아무것도 없다는 무력감…

그저 한 가정의 가장으로
평범하게
가정을 무리 없이 이어 왔다는 것
그 이상도 이하도
아니지만

격변의 시대
그 시류의 한가운데
온 몸을 부딪쳐 구르고 씻겨
닳아온 세월

어느새
강 하구의 쓸모없는
작은 돌맹이처럼
먼 길을 돌아온 느낌

불현듯
나라는 보잘것없는
존재 하나가
세상에 다녀갔다는
조그만 흔적 하나를
남기고 싶다는 마음
그 구석에 움츠린 욕구

침묵은 금이며
웅변은 은이라 했는데

스스로
내세우기 보다
비교적 뒤편에서
묵묵히 평범했던 내가
미흡함의 부끄러움을 무릅쓰고

가족과
세상을 향해
몇 마디의 은銀을
한 권의 책으로 꺼냈답니다

편안한 마음으로 읽어 주시면
감사하겠습니다.

■ 차례

1부
나이테

나이테 ● 14
두 번째 주자 ● 16
발 ● 18
헐 ● 20
착각 ● 21
기적 ● 22
사과 ● 26
능소화 ● 27
자아自我 ● 28
어정쩡 나이 ● 30
팍팍한 세상 ● 32
추심秋心 ● 34
가을 병病 ● 35
남자의 가을 ● 36
(!?.,...) ● 38
거미줄 ● 40

■ 차례

2부
42.195

인생길 ● 44

등산 ● 46

강남제비 ● 48

잣냉이 ● 50

산다는 것 ● 52

흔적 ● 54

마아 ● 56

길 ● 58

42.195 ● 60

입추 ● 62

가을 ● 64

가을비 ● 66

5월 ● 68

■ 차례

3부
풀꽃

먼 고향 ● 70
늦은 달력 ● 71
12월 ● 72
5월 ● 73
우리네 고향 ● 74
가을서정 ● 76
백세인생 ● 77
실눈 ● 78
입춘 ● 80
2월 ● 82
이봄에 ● 83
삼월 ● 84
봄 ● 86
4월 ● 88
풀꽃 ● 89
4월의 추억 ● 90
인품 ● 92

■ 차례

4부
부부

부부 ● 94

찡 ● 96

한 생각 ● 97

사랑 ● 98

잘한 일 ● 99

코스모스의 가르침 ● 100

독백 ● 101

커피 한 잔 ● 102

산소 ● 104

화두 ● 105

덧셈과 뺄셈 ● 106

송심松心 ● 108

손수건 ● 110

우리 사이 ● 111

유토피아 ● 112

■ 차례

5부
민들레

민들레 ● 114
천리 / 꿈 / 지하철 / 마음 ● 116
양심거울 / 도道 / 말세 ● 117
여행 / 4월 ● 118
5월 / 인품 / 노인 ● 119
사주四柱 ● 120
마음의 눈 / 감사 / 마지막 달력 / 2월의 마음 ● 121
봄 / 헛소리 / 말장난 / 야생화 ● 122
인생길 1 / 인생길 2 / 마음에 / 기적 ● 123
엄마 / 어머니 / 세월 ● 124
사랑 1 / 사랑 2 / 12월 / 낙조 ● 125
코로나 백신 반대론 / 한 생각 / 바닷가 ● 126
2월 / 안부 1 / 안부 2 / 천륜 ● 127
1976.8.18 ● 128
거미 1 / 나이테 1 / 나이테 2 / 세태 ● 129
능소화 / 부부 / 거미 2 ● 130
거미 3 ● 131
코로나 19 / 우한폐렴 / 코비드 ● 132
세태 3 ● 133

■ 차례

6부
삶의 이유

꽃길따라 ● 136
그리움 ● 139
비울 나이 ● 142
첫생일(돌) ● 146
아버지 ● 150
녹 ● 154
가면 ● 158
외로운 시대 ● 162
군림시대 ● 166
우한폐렴 1 ● 174
우한폐렴 3 ● 178
자가격리 1 ● 182
덕담 ● 186
묘비글 ● 190

인생 ● 138
삶의 이유 ● 141
엘리베이터 ● 144
2와 0 ● 148
닮았다 ● 152
회한의 심사 ● 156
인연의 끈 ● 160
혼돈의 세상 ● 164
중공폐렴과 8.15 ● 169
우한폐렴 2 ● 176
우한폐렴 4 ● 180
자가격리 2 ● 184
가족들에게 ● 188

1부

●

나이테

나이테

한 자리에 선채
양지와 음지 척박과 비옥
선택의 여지는 없었다

온몸으로
고스란히 부딪쳐 아파하여
주어진
모든 풍파 견뎌낸
세월의 자취

목재가 된 지금
고난의 시절이 선명하다

가지의 아픔은 옹이로 더 단단히
그리고
촘촘 무늬로 감싼 흔적
너의 이력서를 본다

아플수록 강했던 생의 의지
연륜을 더할수록
아름답게 오그라진 세월

물끄러미 바라본다
언뜻
숙연해진 심사
이맛살 주름처럼
세월이 아프다

닮았다… 나를

두 번째 주자

종심從心
누군가의 말처럼
한 번도 경험해 보지 않은
연령대

또 다른 나를 만나기 위한
준비는 없었다

황혼이라는 선입견
인생 칠십

지레
서글픈 허망의 짓눌림
인지상정 일지라도

세속어 백세시대
인생은 육십부터
큰소리 외쳐모아
시대적 마인드로
생각을 전환하라

계주의 두 번째 선수처럼
다시
십년을 향한 바통을 받아
튀어 나가자

럭키세븐
희망의 함성 높여
성숙한
행복의 저편으로

힘차게 달려보자
젊은 칠순아

발

걸음마를 시점으로
이 한 육신 지탱하여

멀고도 먼
길고도 긴 세월의 길

지치도록 숨차도록
걷고 걷고 또 달렸다

소중한
관심조차 못 받으며

그 흔한
무좀이나 습진의
고통도 없이
잘도 견뎌온 너

이제사
뒤꿈치 굳은살 내밀며
너무 힘들었노라는 불평

가슴 짠한 고마움
보습제로 달래 본다

미안하다
그동안 참 수고했다
나의 발

이제부턴
정말 정말 아껴줄게

-2022 청암 작가협회 공저 수록작

헐

하늘이
하나인 줄 알았다

고승들의 화두
좁쌀 한 톨에
우주가 담겼다지

헐
풀 끝 이슬마다에
수 없는 하늘들이
가득히 반짝

고개를 끄덕인다

둥그런
한 생각에
무한한 대우주도
담을 수 있다는 것

허
어
얼

착각

무빙워크
탑승한 사람이 가지
무빙워크가 가지 않는다

단지
제자리에 회전할 뿐

세월
사람의 편의를 위해
쪼개졌을 뿐
언제나 제자리

차창 밖
차가 갈까 전신주가 갈까
세월이 갈까
인생이 갈까

12월
한 장의 달력
사람들이 아쉬워한다
세월이 너무 빨리 간다며…

기적

모태에서
어디론가 바람에 날렸다

그리고 어떤 조건도
선택의 착지도 없었다

그저
빗물에 씻기고 흘러
생사조차 모른 채
운명을 초월했던 너

이곳에 이렇게
살아 있다니
아! 놀라워라

사람들의 관심 밖
밟힘을 겨우 피한
보도 블록 그 틈새

어렵사리 피어난
한 떨기 민들레

그 여정 그 숙명이
짐작조차 경이로워

짠한 가슴 손 내밀어
가만히 내려본다

기적 기적
로또 일등만이 아닌
세상의 모든 이치
기적이란 한 생각

-청암작가협회 전시작품

행복 지각생

그냥 그렇게 살았지요
언제나 그리고 지금껏

특별하지도 않고
별 도리도 없이

뭐 하나
내세울 것 없어
그냥 그렇게 살았지요

때론
조그만 행복을
꿈 꾸기도 하면서
그냥 그렇게

어느 날 문득
시계를 봤지요
인생의 시계를

아니 벌써
흠칫 놀랐지요

안개 속 신기루를 찾아
헤메인 나를 알았지요

오아시스의 행복이
지금 여기인데

무엇을 더
기다리고 추구하며
세월을 놓치고 있는가

행복해하라 지금
그냥 이렇게
여기에 살아있음에…

-청암시화전 전시작-

사과

싱그럽던 초록이
빠알간
처자의 입술로 유혹한다

소중한
입맞춤 나누며
한 입 베어 물면

달콤한
이브의 향기
사르르 입안 가득

눈감아 에덴으로...

-청암 시화전 전시작-

능소화

호기심 가득
개구쟁이 아이
담장 밖 풍경
못 견디게 궁금해

까치발 기어올라
마음껏 목을 빼고
기웃기웃 두리번

오가는 사람들
예쁜 관심 손길에
으쓱한 행복
개.구.쟁.이

자아自我

홀로
거울 속 얼굴
형상이 아닌
마음의 나를 본다

온통
이그러진 삶으로
점철된 시간들

아닌 척
스스로의 거짓
최면으로 억누르며
바른 인생인 듯 허세를

때론
성인 군자들이라도
완전하실까
흠이 없으실까

궤변을 일삼으며
자신을 속였다는 것
내 양심은 알고 있다

거울 속 자아
얼굴 붉힌 바보를
가여워 바라본다
아프게

어정쩡 나이

직업이 있다하면
더없이 좋은나이

직업이 없다해도
괜찮은 나이 칠십

젊어서 실업자는
경제적 고통이며
남의눈 의식되고

이나이 실업자는
일상이 무료하다

할일이 많고많아
술자리 빈번하여
젊을땐 밤이좋고

오고갈 사람없어
기다림 없는세월
늙으니 밤이길다

이저도 아닌칠십
무엇을 해야할까
모든게 시들하다

곰곰히 생각하니
촌음이 아깝구나

자이제 나를찾는
여행을 떠나보자

열정을 지펴보자
뭐라도 이뤄보자
으라차 내인생아

팍팍한 세상

참 팍팍한 세상입니다
제각기 잘난 주장 내세우는

참 팍팍한 세상입니다
남 잘된 일 헐뜯고 시기하는

참 팍팍한 세상이지요
남 이용해 내 실속 추구하는

참 팍팍한 세상이지요
친구 간에 이해타산 앞세우는

참 팍팍한 세상입니다
형자매도 유산다툼 다반사에

참 팍팍한 세상입니다
부모 자식간도 돈 있어야 대접받는

참 팍팍한 세상입니다
이 팍팍한 세상
얄팍하지 말고 오늘부터 나로부터
상대에게
가슴은 활짝 열고
눈은 마주하며
귀는 들어주고
입은 칭찬하며
마음은 동조하고
행동은 감동 주며
조금은 모자란 듯
내중심을 지켜봅세

추심秋心

가을!
갸냘픈 코스모스처럼
외로운 흔들림

빠알간 정열로
순백의 청순한
분홍빛 사랑을 하고싶다

머언
간이역 철로변
코스모스길 손잡고

부서지는 태양빛
그 가을속으로 함께

걸어가고 싶다
내 좋은 사람과

가을 병病

처서 바람
모기입 따라
비틀어진 매미소리

제 명을 다한 슬픔인 듯
울음소리 처량하다

이름조차 생뚱맞은
힌남노*란 태풍치레
온 나라가 들썩여도

한치의 어김도 없이
귀뚜라미 소슬바람
한 소식을 전하는데

오지 않을 기다림은
고독으로 상처 되어
그리움이 아파온다

이 가을의 병이련가
끝내 고칠 수 없는

*힌남노 : 2022년 9월에 온 태풍. 라오스 유명공원 이름

남자의 가을

이한몸을 점령하여
끈적이던 땀방울도
쓰르라미 한시절도
힌남노에 쓸려나고

고추잠자리 날개짓
구름마져 날렸는지
하늘조차 텅빈모습
푸르름이 외롭구나

스산바람 한자락에
풀벌레가 절규하니
옷깃절로 여미면서
갖은상념 잠겨지네

단풍이며 낙엽이라
이미온듯 가슴시려
외로움고 쓸쓸함은
고독만을 불러오네

가을날이 허무함은
옛적이나 지금이나
사랑만한 묘약없어
님의품이 그리울뿐

(!?.,...)

그 시절
사랑의 느낌표로
우리는 만나

물음표를 주고받으며
서로를 알고

결혼이란
사랑의 마침표를
찍었지요

때론
권태라는 쉼표로
흔들리기도 하며

갈등으로
대화조차 없는
줄임표를 찍기도한 세월

이제사
그 모든 과정
포용으로 감싸는
괄호의 마음

생각해 봅니다
늙어진
나를 돌아봅니다

거미줄

영롱했던
밤하늘의 별빛들

여명에 스러짐이
못내 아쉬워

반나절의 반짝임을
주고픈 마음

오리온 북두칠성
카시오페아 전갈자리
황소자리 사수자리

둥그런 거미줄에

수억 광년 광활한
대우주의 전령들
그 멋진 열병식을
보여준다

가끔
흔들어주는 바람에
유성을 흩날리며

언제나
만유는 시공에서 생성하고
또다시
소멸되는 질서속

윤회의
거미줄에 나열된
작은 이슬이려니

찰나에서
나유타를 본다
마음이…

2부

●

42.195

인생길

음악처럼
인생에도 도돌이표가 있다면
즐거울까?

자동차처럼
인생에도 후진기어가 있다면

후회할 일
그리고
아름다운 그리움은 없을 거야

그래
참 무의미할지도 몰라
정말 다행이야
도돌이도 후진기어도 없는 것

마치
내릴 수 없는
키 높은 자전거에 앉혀진 듯

빗길 숲길 눈길 언덕에 비탈길까지
가끔의 골목 꽃길까지
나름의 핸들을 돌리는 인생길

후진 없는 자전거
그 인생길
오직 페달만 밟을 뿐

비틀거리며
가끔은 즐거운
따르릉도 있겠지?

등산

아무것도 볼 수 없다
오직 정상만을 향한 목표

헉헉헉
온 힘을 다해 오르고 또 오르고
드디어 정상

야호의 성취감
메아리가 허망하다
다만
먼발치의 시골풍경 정겨울 뿐

하산
내리막
후달린 다리 쉬엄쉬엄
반절름의 지친 늦걸음

돌 나무 풀한포기 바람한점 물소리
그리고 서산의 낙조

내리막이기에
느림의 여유에서 비로소

보여지는 것들과 풍경
애잔한 듯 감회가 새롭다

누군가가 말했지
인생은 산행길
여명보다 황혼이 더 아름답다고

문득
인생길 왠지 서글픈 아쉬움

무엇인가 못다한
무언가 잃은 것 같은
더할 수 없는 모자람

그 묘한 여운에
그냥
자꾸 뒤를 돌아보는 나이
그래 바로 그것
하산길 마음
딱이야
우리들의 현주소…

강남제비

강남의 집값
천정부지로 올라

못살아
제비가 왔다

흥부의 마음 빌려서라도
반가운 녀석들

웰빙 웰빙
저들도 아는가 보다

전원생활의 꿈을 이루고저
열심히도 흙과 검불을
연신 물어온다

저들만의 전원주택
어느새 완공

황토방 신혼집이 아늑하겠지!

아들딸 낳아
행복하게 살으려므나 제비들아

세금은 안 받을게

-청암작가협회 신인문학상 수상작-

잣냉이

오래전
언제인지
하늘이 비었다

별들
어디로 간 것일까
짠한 아쉬움

어느덧
기억의 저편
어렴풋한 그리고
희미한 은하수의 추억

금가루 흩뿌리듯
헤아릴 수 없던 반짝별들

오늘
비로소
고개를 끄덕입니다

이 봄의 들녘
꽃마리란 예쁜 이름으로
작아도 잊지 말라며

고운 하늘빛 담아
잣냉이 꽃으로 방긋이

어린 날의
그 은하수들이...

-청암작가협회 신인작품상-

산다는 것

흔한 말
십년만 젊었어도

마치
세상을 다 가질 수 있었던 듯
푸념을 토해내지

십년만
십년만 젊었더라면

넋두리
고스란히 녹여진 후회

다시 십년
지금을 돌아볼 생각으로
살았는가?

그 때에도
또 역시 십년만…

산다는 것
언제나 그런 것
넋
두
리

흔적

바닷가
왠지 동심이 된 맨발의 걸음

뒤꿈치 까치발 갈지자에
외발걸음 깡충걸음

갖가지 무늬를 찍어보는
해변의 동심

뒷걸음에 따라오는
발자국
누군가와 함께인 착각이
나홀로 외로워

문득
동심은 간데없고
가물거리는 발자국

이내
비바람 파도에 사라질
저 흔적들
발자취로 보여지는 뭉클가슴

아스라이 머언
수평선을 바라만 본다
무심히

흐릿히
글썽여진 눈가
방울이 주르륵 툭

마아

세상에서 가장 쉬운 말
아기가 가장 처음 하는 말

인간의
생존본능적 발음
마~아~암 마
어~엄 마~아

세상에서
가장 사랑스러운
가장 정다운 그리고
가장 숭고한 인류의 공통어
마~아~암~마
어~엄~마~아

이보다
짜릿하고 아름다우며
애잔한 언어는 없다

마지막
운명의 순간까지도
되뇌어진다는
어~엄~마~아

-태어날 손녀를 생각하며 공저에 기고-

길

문득
돌아본다
또 물어본다

모르는지조차 모르고
멀리도 지나온 길
이건 아닌데!

돌아갈 수 없는 시간의 길
아쉬움의 인생길
아직도 긴가민가 아리송길

남은 길
또한 가야 하며
갈 수밖에 없는 길
후회막급 상념 속 어렴풋이
알 듯한 길

길은 길로 여러 길로 이어지며
어제를 후회하고
오늘에 안주하며
내일의 희망으로

세월의 길 위에 얹혀
미아의 방황처럼
헤메어 있다 언제나…

42.195

일등도
꼴찌도 아니지만
참 열심히도 달렸다

가장이란
굴레를 쓰고
헐떡이며 넘어지며

무조건 무조건
달려온 인생의 주로走路
42.195km

가정의
행복을 향해
정년이란 골인점까지

축구선수의 골인처럼
열광적 함성도
야구선수의 홈런같은
관중의 환호도 없는

그야말로
외로운 마라톤
가장의 인생길

당연시 치부된
이 시대 사회적 통념

응원의
박수조차 없는 주로走路

세월따라 멀어진
골인점

행복이란
월계관을 위해

그곳이 비록
신기루일지라도

달리고 또 달린다
이 땅의 아버지들

-아들은 생각하며-

입추

철부지
아직 초록밖에
모르는 여름

떼쟁이 아이처럼
뜨거운 아스팔트 뒹굴어
목마르다 졸라댄다

어느새
모퉁이 돌아선 가을

가뿐히
떼쟁이 안아 올려
파아란 하늘빛 물을 먹인다

그리고
빨강 파랑 노랑
물감을 살며시 보여주며

높은 하늘과 시원한 바람
산과 들의
빠알간 단풍과
노오란 오곡의 풍경

그 멋진
그림을 그리러 가자
떼쟁이를 꼬드긴다

가을

빠알갛게
불타는 그리움 하나

노오란
고독이 빙그르 후르륵 툭
스산바람
가을을 쌓는다

어느새
상념으로 내려앉은
파아란 하늘

밤새
풀 끝 마다에
하늘을 담은
맑은 영혼의 방울들

그 이슬 같은
편지를 쓰고 싶다

몹시도 그립다고
그리고
사랑한다고

부칠 곳 없는
외로운 편지를

가을비

땀방울 한시절에
미끌려온 시간들
망각의 늪으로 깊이
움츠려 있다

추적이는 가을비
애틋한 그리움 방울져 흩구르는
창밖의 풍경

푹 젖은 상념으로
나를 데려가고 있다

오지 않을
텅 빈 기다림을
시리도록 가슴에 떠 안기며

이유도 없는 고독
한 움큼 매달린 심장

가을밤
빗소리 서성이는 외로움 기대어
하모니카 한 호흡
애잔 옛 곡 더듬으니

세월에 쌓인
서정의 아픈 상처
깊어진 가을비가 흐느낀다

5월

흐드러진
아카시아 꽃길
향내음 물씬

휘파람을 날리는 청춘인 듯
착각의 설레임

어디론가
무조건 떠나고픈
충동의 5월

나이조차 잊혀지는
이 5월이 그냥 좋다

햇볕 바람 풀 나무
꽃들이 아름답다
분주히 나는 제비도 정겹다

그냥 살듯
그냥 좋아서
5월은 행복의 계절이지

3부

풀꽃

먼 고향

콕 찌르면
톡 터질 듯
파아란 하늘

짙푸른
그리움이
그 속에 눈물처럼 담겼어요

노오랗게
익어진 벌판
빙빙 돌아 짝을 찾는
노랑 잠자리

마치
머언 우리네 고향이
잠자리 날개짓에
머물러 있는듯

늙은 달력

달랑
한 장의 달력
참, 고생했다 달력아

그 추운 일월부터
열두 장의 묵직한 짐을
진 채로…

숨가쁘게
한 장 한 장
그 치열했던 세월의 무게를
덜어온 오늘

겨우
한짐만이 남았는데
그 무게마저도
힘에 부쳐
헐떡이는 모습 늙은 달력

너의 안타까움에
이 마음조차 숨이 차오른
12월이란다

12월

벽에 걸린 채
찢기고 또 뜯기고
외롭디 외롭게
홀로 남겨진 너

일월부터
십일월까지
열한친구를 모두
차례로 떠나보낸 너

그 이별의 한 세월이
못내 아쉬워
단 하루라도
우리 곁에 더 머물으려

삼십일일이란 슬픈 얼굴로
남아 있구나
12월의 달력은
아! 애닯다
13월이 있다면 좋겠는데…

-이천하고도 십팔년 끝달 첫날-

5월

언제나
기다려지는 사랑의 계절
이 푸른 오월

청춘을 돌려
보상이라도 받은 듯
설레임과 넉넉함이
더해지는 오늘

아카시아
향내음 가득한
신록속으로 우리
데이트해요

마돈나같은
당신의 눈 속에
내 모습을 마주하는
신나는 데이트

우리네 고향

1.
눈시리게
높푸른 하늘
드넓은 들판

황금빛 소슬바람 살랑
풀끝을 간지럽힌다

깜짝
노랑 잠자리
소스라쳐 날았다
눈치껏 다시 앉는다

바람과의
숨바꼭질 놀이한마당
정겨운 풍경

아련한
그리움 한가득
머언 우리네 고향

2.
눈시리게
파아란 하늘
한적한 시골길

연분홍 진분홍 흰색
자홍빛 코스모스의 향연

윙윙윙
다리 등마다
꽃가루 한짐
꿀벌들의 신바람 잔치

덩달아 나비들
덩실덩실 춤사위
정다운 풍경

아련한
그리움 한가득
머언 우리네 고향

가을서정

상강이 훌쩍 지난
시월의 끝자락

반 붉음으로 말라버린
들녘의 풀잎

때늦은
명줄을 잡고 있는 빠알간
고추 잠자리

찬서리 바람
저들은 어디로 가고 있는걸까

간밤의 악몽
잊히지 못해

따뜻한
세월을 붙잡으려
양지만을 찾아 맴돈다

힘에 부친 날개짓이
더욱 애처롭다

백세인생

부모님의 은공으로 인세간에 태어나서
철부지의 한시절은 천방지축 사라지고
소년소녀 힘찬청춘 부지불식 갈데없고
이십대의 애정희구 화춘지절 순간이네
삼십대의 자녀육아 동분서주 고군분투
사십대의 자녀장래 근심걱정 좌고우면
오십대에 자녀혼사 노심초사 한세월에
육십대의 손주재롱 잠시잠깐 지나가고
앞선노인 말들으니 인생사가 무상하다
칠십인생 텅빈지갑 뒷방노인 한심하고
팔십노구 철이드니 허리백근 다리천근
정신마저 혼미하고 후각미각 식별없고
오늘내일 저승사자 손짓만을 기다리네
구십이라 살았는지 분별조차 어려워라
이렁저렁 한백년이 무상함을 어이하리

실눈

눈을 감는다
고요히 고~요~히
마음살펴 오롯이
세상을 본다
욕망이 끊어진 자리
그 세상을…

눈을 뜬다
세상을 본다
감았던 세상 어디론가 사라지고
부릅뜬 눈 가득
갖가지 욕망이 일렁인다

세상살이
항상 눈을 감을 수는 없다
그래도
반쯤은 눈을 감자

많은 것 큰 것 좋은 것은 볼수록
욕망이 커질 뿐
화려함도 그와 같다

실눈으로 반만 보자 세상을
그리고 적게 보자 내려보자 단순하게
그곳에 만족이 또한 행복이 기다릴 것이란
예감이다
아니! 사실이다.

입춘

아직 나의 창은
열지도 않았는데
소식이 왔어요

불쑥
따뜻한 미소
햇살가득 머금은
봄 아가씨가 오신다네요

움츠려진 어깨
큰 기지개로
양팔벌려 환영합니다

살랑이는 실바람에
만가지 예쁜 꽃 한아름
안고 오신다니
덩실덩실 어깨춤 반가워요

아! 봄 아가씨
서둘러 마중을 나가야겠어요
총각의 가슴인 듯 설레임에
대문도 활짝 열어젖혔어요

어서어서 오세요
봄 아가씨

2월

참
속이 깊다
누구라도 기다려지는 봄

입춘이란 희망을
오롯이 보내주며

그도 모자라
이틀이란 몫조차
툭 잘라 희생시켜

움츠려진 모든 이에게
따사로운 봄

그 봄을
서둘러 안겨주려는
2월의 마음

그 심오한 뜻이
마냥 고맙다

이봄에

개나리 진달래 벚꽃
민들레 냉이며 제비꽃까지

산들마다에
봄꽃의 화려한 축제한마당

그 향연을 바라보는 감동은
나이마저 잊혀진
즐거운 희망

설레임이 아직
이 가슴에 숨어 있다는 것

이 봄에
나는 알았어요

봄
아름다운 이 봄

모든 것을
사랑하고픈 가슴이 된다는 것도
나는 알았어요
이 봄에…

삼월

2월의 이틀
성큼 건너뛴 3월은
봄을 초대하는 달

뭇 생명들을 위한 마중물
축복의 봄비가 외친다

초목들아 잠 깨어나라
힘차게 소생하라

명령으로 외쳐오는 봄
희망의 함성
거침이 없다

아지랑이 춤사위
그 너울을 타고

초록의 생명들아
대지를 뚫어라
그리고 어깨를 펴라

기상나팔
힘찬소리 들은 듯
박차 일어나
피어나라
날개를 펼쳐라
우와 봄 이 다

-청암문학 당선작-

봄

시린 손 꼽아
오랜 기다림이다

두 갈래 머리 땋은
예쁜
소녀의 마음같은
그 봄을…

매화며 살구꽃의
수줍은 미소
개나리 진달래 벚꽃의 향연을
그리워했지

아! 삼월이다
곧 벌어질
화려한 꽃잔치

처녀총각
가슴이 된 듯
설레임의 계절, 봄

희망의 계절 봄봄

봄봄봄

사랑의 계절

봄이 온다네 얼쑤~

4월

온누리
희망품은
새싹들의 경이로움
장엄한 꽃들의 향연
화려하며 거창하다

그야말로
사치로 단장하는
계절의 공주

거장의
교향곡인양 벅찬 감동

감히
유토피아라
이르고 싶은 한 시절

아! 조오타 좋아

산들바람
그리고 꽃이 좋아
4월이라네

풀꽃

인적이
끊긴지 오래인 듯
척박함이 묻어나는 버려진 땅

그 길
모퉁이에도
꽃은 피어난다

가녀린 듯 강한
야생의 풀꽃

천천히
쪼그려 앉아
애틋함으로 음미해보는
작은 풀꽃들

따뜻한
가슴으로 바라보노라면

더 아름답고
귀하게 예쁘다는 것

사람들은
알고 있을까!

4월의 추억

눈시린
만가지 꽃
온 산야 향기 덮어
호사로움 찰나였네

그 설렘의 여운
아직도 가슴에 여전한데

어느새
개구리의 울음소리
논두렁에 울려퍼져

언제나처럼 그렇게
한치의 어김도 없이
세월이 간다

화려했기에
더할수없는 아쉬움

추적이는 빗소리에
개굴 개굴 개굴

구성진 이별가로
사월을 환송한다
봄날이 간다
그렇게

인품

공원의 꽃은
수려함의 멋이 있고

정원의 꽃
참 우아하다

화단의 꽃은
제각기 아름답고

화분의 꽃
사람의 손길이 담겼지

화원의 꽃은
모든 것을 갖추었다

그러나
꽃으로서
화려함은 있을 뿐
향기가 부족하다

사람이라면
인격과 품성이
향기일진데…

4부

•

부부

부부

한세월
함께 했음에
호흡되는 공기처럼

너무도 당연하여
언제나 거기 그렇게
가정이란 울타리로
습관된 일상

소중했지만
소중한줄 모르고
때론
서로의 존재감조차
망각한 채 살아온 세월
어느새 칠십

항상 남들만큼
그 모호한 행복의 기준
못난 경쟁의식과
허황된 욕망으로
묻혀진 시간들

가만히
유추해보는 그 세월에
살며시 후회 한자락을
올려 놓는다

그리고
이쯤에서 어느날
필연적으로 닥쳐올
이별의 날이
그리 멀지만은 않다는
문득 생각

애틋한 감정이 북받친다
마음을 다해
참 당신 고생했다며
꼬옥 안아주고 싶다

옛말에
철들자 망령이라더니
ㅎㅎ~~

-청암문학 21호 게재작-

찡

내가
당신에게 느끼는
이토록 저항할 수 없는
애틋함은

세상의
낱말이 부족하여
언어로 표현할 수가 없어요

한마디로
꼭 압축을 해야한다면
그냥
찡, 이라 말할게요

한 생각

이 밤
가만히 자아를 돌아보는 상념
문득
그 어떤 것도 지금껏 지녀온
당신을 향한
애틋한 이 마음 바꿀 만한 것
세상 어디에도 없어

나의 삶
기쁜 날이 많아지고 있어요
당신께 감사드려요

받음보다
주는 사랑이
이토록이나 행복한줄
예전엔 몰랐었고
당신을 통해 얻어진
나만의 소중한 깨달음

사랑

사랑을
보려 하지 마세요
사랑은 형상이 없습니다

사랑을
만지려 하지 마세요
사랑은 모양이 없습니다

사랑은
보이지도 만져지지도 않는 곳
언제나
따뜻한 우리의 가슴속
숨어 있답니다

가끔
아름답게
눈빛으로 나올 뿐입니다

잘한 일

눈에서
멀리 있다고
마음에서
멀어지진 않습니다

눈을 감아도
더욱 선명한 당신이 보이는 것은
사랑이기 때문이지요

내 생의
육십여년 지내오며
가장 잘한 일

당신을
만나고 선택한 일
말은 멀어도 언제나 감사
당신께

코스모스의 가르침

하늘빛이 어느새
파아란 그리움이 되었습니다

이 마음도
하늘빛을 따라가고 있지요

길가의 코스모스
이 마음을 불러
외롭냐? 그리움이 있냐며
귀엣말로
살며시 일러줍니다

사랑하라고
갈바람에 텅 빈 마음
채우라하네 사랑으로

사랑만한 묘약은
세상에 없다며…

독백

살아온 날들
수많은 사람을 만나고
또 헤어지고

그 가운데
당신을 만나
이토록이나 애틋이 사랑할 줄은
예전엔 몰랐습니다

바라보고 또 보며
한 잔의 차에 마음을 담아
나누는 시간

이보다 더
행복한 때는 없는 듯합니다
내 생에 당신은

가장 아름답고 소중한
그리고
단 하나뿐인
나의 마지막 사랑이랍니다

커피 한 잔

이 가을
언제 내린지 모른
새벽 이슬처럼

살며시
이 가슴에 내려앉은 당신

서로의
옷깃을 여며주며
커피 한 잔 나누면 좋겠다는
생각 중

문득
참으로 인생은
쓰디쓴 커피와도 같다는
엉뚱한 발상

그 쓰디쓴 커피에
달콤한 눈빛 설탕 한 스푼
그리고
이해라는 프림을 넣고

언제나 사랑이라는
따뜻한 물 한 잔에 잘 섞이며
참, 맛있는 인생이 아닐까!

산소

당신과의 사랑은
마치
산소와도 같아

내가
늘 호흡을 할 수 있는 것

화두

나이가 들어갈수록
멀어져온 시간 시간들
그 시간들을 자주 반추해보는 습관

아련한 그 너머
기막히도록 속절없는
지난날의 파편들

이즈음에서 가만히
나머지 시간을 어림잡는 셈법에도
세월은 또 그렇게 반복적으로
그리 될 것이란
깨달음 뒤의 조바심

겹겹이 밀려드는 이 허탈감
그리고 빈 가슴

무엇으로
채워야 하는가
어떻게
맞이해야 할까
다가오는 시간들을
이 크나큰 인생의
후반전 숙제를…

덧셈과 뺄셈

덧셈과 뺄셈
참 쉬운 문제이지요
둘에서 하나를 빼면 하나

하나는
외로움이 됩니다

하나에서
하나를 더하면
둘이 됩니다
둘은 사랑입니다

사랑에
이기심을 더하면 이별이 되고요
헌신을 더하면 행복이 된답니다

인생에
세월을 더하면
삶은 빼가기를 하지요

물질에
욕심을 더하면
행복이 더 많은 빼기를 해간답니다

참 쉬운 산수였나요?
어려운 수학이었나요?

송심松心

어쩌면 하늘을 꼭 닮은
당신의 마음이라 생각되는 이 밤

가끔은 이즈음처럼
가뭄을 주기도 하지만
어느때는 천둥 벼락도 쳐주며
소나기를 퍼주다가 예쁜 달과 별을
보여주고
밝은 햇살 이 가슴에 따뜻히
비춰 주기도 하는

하늘을
꼭 닮은 당신이시여

나는 그저
묵묵히 서있는 한 그루의
소나무일 뿐입니다

벼락도 어쩔 수 없고
소나기라도 견디며
비바람 눈보라에도
그냥
크고 작은 나이테를 그리며
묵묵히 제자리를 지킬 뿐입니다
언제나 푸른 솔잎의
그 마음으로…

손수건

나는
당신의 손수건이 되고 싶습니다

왜냐고요?
언제나 당신의 몸
가까운 주머니 속
함께 할 수 있기 때문이지요

당신이 무더위에 지칠 때마다
예쁜 당신의 얼굴을
닦아줄 수 가 있잖아요

그 뿐이겠어요
당신의 인생사

기쁨이나 슬픔 괴로움 어려움의
눈물을 닦아주는

소중하고 든든한
손수건이 되어드리고 싶습니다
꽃향기 가득한

*부탁. 코는 풀지 말아주세요 ㅎㅎ

우리 사이

우리 서로
만남으로 위로되는
사이라면 좋겠어요

우리 서로
외로움을 덜어주는
사이라면 좋겠어요

우리 서로
아픈 마음 달래주는
사이라면 좋겠어요

우리 서로
그리울 때 달려오는
사이라면 좋겠어요

우리 서로
애틋하게 사랑하는
사이라면 좋겠어요

우리 서로
기억에서 아름다운
사이라면 좋겠어요

유토피아

사랑을
사랑하는 당신이 있어
나는 비로소
사랑을 배웠습니다

언제나
짠한 그리움 하나
이 가슴에 심장처럼 남아

우린
그저 예쁜 인연으로
맺어진 연인

오늘은 왠지
이 봄의 한가운데를
함께 걸어가고 싶어요

아카시아
향내음 가득한
오붓한 오솔길로

새끼손가락
다정히 걸고
마음의 유토피아 그곳으로

5부

●

민들레

〈시조〉

민들레

사람들 무관심속
밟히고 짓이겨진

한 떨기 민들레꽃
길가에 눕혀진채

메마른 척박함에도
불평 없이 방긋이

밟아라 밟아봐라
그래도 나는 산다

허허허 인간들아
내 종족 번식시켜

꽃동산 꾸며보련다
에덴동산 그곳을

오호라 에덴동산
말로만 들어보던

이곳이 그곳일세
여러분 이제 우리

길가에 피어난 꽃들
애틋하게 살피세

〈민조시〉

천리

새들이
살아서는
벌레를 먹지
살아가기 위해

죽으니
벌레들이
새를 먹는다
돌고 도는 세상

지하철

섰거나
앉았거나
모두의 시선
휴대폰에 차렷

달라진
이 풍경이
한국의 특징
유일무이로다

꿈

금전을
안 아끼고
부자가 되길
갈망한다는 것

마음

세월은
나이보다
언제나 먼저
달려가고 있다

양심거울

거울 속
얼굴 아닌
마음을 보는
거울이 있다면

가슴에
손 얹어서
바른 양심은
아마도 드물어

누구나
거울 뒤로
숨어 들고픈
참 무서운 거울

도道

태어남
그 자체가
고苦라 했건만
락樂도 있잖은가

말세

부모가
돈 있어야
대우받으며
섬김 받는 세상

부모가
돈 없으면
외면당하여
천대받는 세상

여행

얽매임
풀어헤칠
여유를 찾아
떠나는 여행길

잠시의
설레임 끝
마음 한짐은
언제나 방구석

일상의
모든 속박
두고갈 방법
어디에도 없네

4월

온누리
희망품은
꽃들의 향연
벅찬 경이로움

사치로
단장하는
계절의 공주
화사함이 좋다

온 산야
만가지 꽃
화려의 절정
언제나 아쉽다

5월

싱싱한
푸르름은
예쁜 청춘을
돌려받은 설렘

인품

지식이
많다 해도
겸손 없다면
무식이 더 낫다

노인

누구나
어린 날을
그리워한다
철부지 시절을

누구나
늙어짐도
두려워한다
죽음이 가까워

나이가
먹을수록
남은 시간이
빠르게만 간다

사주四柱

세상이
힘들다고
괴로워 마라
인생은 그런것

괴로움
그 자체가
삶의 밑거름
고단백 영양소

언제나
즐거움만
있다는 것은
환상일 뿐이다

허허허
웃어넘겨
극복한다면
술술술 풀린다

그렇게
내 팔자는
내가 만든다
즐거운 한세상

마음의 눈

보이지
않는다고
없다 하는 것
있어도 못 본다

마지막 달력

외로워
얼굴조차
누런 색으로
질린 모습이다

열 한명
친구들은
어디로 가고
홀로 울고있니?

감사

사람이
감사라는
말을 만든 것
정말 감사하다

2월의 마음

나라도
빨리 가야
따사로운 봄
빨리 올거라며

봄

두 갈래
머리 땋은
소녀의 마음
희망의 설레임

헛소리

푸념이
고스란히
녹여진 후회
십년만 젊다면

말장난

십년만
젊었어도
세상이 제 것
착각은 자유지

야생화

산야에
옹기종기
다투어 핀 꽃
발길을 잡는다

나도 좀
봐주세요
손짓을 하네
미소도 예쁘다

인생길 1

미아의 방황처럼
세월에 얹혀
언제나 헤맨다

인생길 2

후진도
할 수 없고
브레이크는
더더욱 안되네

마음에

범죄의
피해자는
고통스럽다
적은 것 잃었다

가해자
양심에는
더 큰 상처가
끝내 남아있다

기적

세상에
기적이란
이루어지려
존재한다는 것

엄마

이보다
짜릿하고
아름다운 말
어디에도 없네

아이나
어른이나
마음을 항상
기대고 싶은 곳

운명의
순간에도
불려진다는
어머니 어머니

어머니

아플 때
생각나는
당신의 모습
언제나 그리워

세월

사람의
편리대로
쪼개졌을 뿐
언제나 제자리

사랑 1

세상에
사랑보다
숭고한 것은
어디에도 없네

사랑 2

사랑을
사람들은
영원함으로
믿고 싶어하네

12월

세월이
빠르다며
아쉬워한다
만들자 십삼월

낙조

석양길
외로워라
나이탓인듯
세월이 급하다

코로나 백신 반대론

사람만
생명일까
저 세균들도
살기 위함이다

사람이
양보하면
자연스럽게
면역이 된단다

저들도
살 것이고
변종 할 이유
하등에 없을 것

한 생각

가만히
돌아본 나
나는 왜 지금
여기에 있을까

바닷가

나홀로
외로워서
뒤로 걸었다
발자국 보려고

2월

추위에
지친 아들
삼월이라는
꽃이불을 주려

서둘러
이틀이나
빨리 와주는
그 마음 고맙다

안부 1

오래전
남겨두신
예쁜 그리움
여전하답니다

안부 2

당신이
주고가신
사랑은 아직
잘 지낸답니다

천륜

모태와
하나였던
탯줄의 본능
벗어날 길 없네

1976.8.18

팔일팔
도끼 만행
잊힐 수 없는
데프콘 투 비상

실탄과
포탄까지
지급을 받아
진지 투입까지

아! 이제
전쟁이다
비장한 각오
명령만 따를 뿐

오일간
전투식량
손톱도 깎고
불타는 전우애

지금도
생각하면
아찔한 추억
악랄했던 북괴

여전히
이어지는
휴전의 상태
한민족의 숙제

거미 1

날개도
없는 거미
건너편 벽에
어떻게 갔을까

나이테 2

세월에
오그라진
너의 모습이
내 이마에 언제!

나이테 1

주어진
모든 풍파
견뎌낸 흔적
아픔의 이력서

세태

달리고
또 달려도
아버지에게
월계관은 없다

능소화

호기심
개구쟁이
담장 밖 풍경
몹시도 궁금해

까치발
기어올라
길게 목빼어
예쁜 자랑 방긋

부부

숨쉬는
공기처럼
고맙다 그 말
잊고서 지낸다

거미 2

내집이
흔들려야
일용할 양식
얻어지는 하루

거미 3

처마 밑
언제 인지
지어 놓은 집
일삼아 부순다

다음 날
그 자리에
또 다시 그 집
밤새워 지었을

전생에
너와 나는
어떤 악연에
짓고 난 부술까

가만히
돌아본다
살아내려고
펼쳐놓은 그물

그 질긴
점액질을
빼내는 고통
얼마나 아플까

일촉의
움직임도
절제를 하고
정지된 시간들

파르르
움직임이
올지 안올지
기다림의 인내

나여기
깨달음이
절로 따르네
인내란 이런 것

코로나 19

어쩌면
회색전술
구사를 하는
나라를 닮았니

코비드

중국은
원래 그래
중공이라서
중국했다고 해

우한폐렴

이제는
만만디로
주저 앉았네
염치도 모르고

세태 3

자손들
성공 인생
부모의 염원
예나 지금이나

이 시대
한 두 자손
마음을 다해
금이야 옥이야

그러나
풍요로만
자라난 세대
자신만을 알 뿐

빠르게
변한 세상
인류는 멀리
달아나고 있네

효도는
옛 이야기
온갖 이기심
끝 간데없어라

왜 저를
낳았나요
저의 행복도
책임을 지세요

이러한
세상될까
두렵습니다
나무아미타불

ча
6부

●

삶의 이유

꽃길따라

항상 맑으면 황폐한 사막이 된다.
비가 내리고 바람이 불어야만 비옥한 땅이 된다.
이 스페인 속담에 불현듯 공감을 느끼며 생각해 봅니다.
당신을…
때로는 사막과도 같이 목마른 그리움을
어느 때는 태풍과 같은 아픔을
또 자욱한 안개처럼 방황을 주기도 하며
봄 햇살과 같은 따사로운 마음을 주고
소나기 같은 사랑을 주기도 하지요

한가지 한가지가 모두
삶의 비옥함이요 영양제려니 생각이 되어
감사할 따름입니다.

세상살이
비바람 사연 없고
태풍같은 아픔이 없는 사람 어디에 있으며
봄비처럼 촉촉하기만 한 사랑이
어디 있겠습니까!

힘들거든
우리 쉬어갑시다
조금만 더 가다보면 언덕이 있을거예요
그 언덕 너머에 꽃길이 있을겁니다

그 꽃길을 따라
우리 다정히 손잡고 함께가요
에덴동산 그곳에…

인생

그 어떤 고착원이나 방정식에도
이 문제에는
한 마디로 진정한 정답이 없다

이래도 또한 저래도
산수나 수학처럼 정해진 답이란 없다
그래서 나는 묻는다
나에게

가끔은
거울 속의 나에게
너는 누구냐? 왜 여기 있냐?

정체성도 불분명한 내가 나에게
다시 묻는다
왜사냐? 묻곤한다 문득

그래 나는
사랑하는 사람들과 사랑을 위해
살고 있을 뿐이다. 라고 대답을 하고
그냥 웃는다
이것이 인생일까?
묘하구나!
참 묘하네!
혀를 끌끌 찰 뿐…

그리움

불교 경전에 팔고(8가지 고통) 중
그리운 사람을 만나지 못하는 것
그렇기도 하지만
그리움을 다르게 생각해보면
참 아름다운 것이란 생각이 드는 이 밤

그리움이란?
모든 사람이 현재의 불만족에서
나름의 아름답던 과거를
기억하기 때문이 아닐까!

어른은 어린시절을 무더위엔 흰 눈을
가뭄엔 단비를
이렇듯 스쳐온 사람들 중
어떤 이는 냉정했고
어떤 이는 다시 만나고 싶고 누구는 따뜻하며
누구는 생각조차 싫은 사람

그렇다면
나는 누군가에게 그리운 사람일까

보고싶은 사람일까?
이만한 나이에 그런 사람이 되어야겠다는
욕심이 살며시 고개를 드는 것
노망이 가까이 오고 있는 것은 아닐까!!
ㅎㅎ

삶의 이유

연필로 쓴 사랑이어서
지우개로 깨끗이 지울 수 있다면
나는 당신을 지우겠습니다

하오나
나의 사랑은
연필이 아닌 가슴으로 꼭꼭 눌러쓴 사랑입니다
그래서 지울 수가 없습니다

이제
얼마 지나지 않아
흙이 되어 돌아갈 길 기약 없는 인생길에
맺어진 인연

조금
모자라면 채워주고 또 나눠주며
힘든 날엔 기대고 위로하고
서로 서로 다독이며

연민의 정으로
하나가 되는 것
바로
우리가 살아갈 이유가 되겠지요

비울 나이

오늘 하루
힘들었더라도 그냥
웃어보세요
내일은
내일 생각할 것이라 미루세요
미리 가불해서 걱정근심할 이유가
없잖아요

하루가 쌓여 한달
또 쌓여 일년
그리고 인생인데
그 쌓인 짐조차도 버거운 나이
우리들입니다
많이 잡고 있으면 손이 아프고
많이 지고 있으면 어깨 허리가 아프답니다
또 많은 생각을 갖고 있으면
머리도 아파옵니다
우리 나이엔
걱정도 짐이 됩니다
이제 훌훌 털고 놓아야 합니다

손도 등도 머리도 비워
가벼운 마음으로 살아도 될 나이가
우리들입니다
놓읍시다. 놔. 그리고 비웁시다. 텅.

엘리베이터

버튼 한 번에 원하는 층으로
수직 이동 교통수단 문명의 산물
참 좋다

수백 수천의
기계와 전기 전자의 결합이 이뤄낸 구조물
참 편한
문명의 선물

그 좋고 편함 뒤에
수많은 공정의 과정들

추락 및 끼임 감전 등
크고 작은 안전사고 다반사
심하게는 사망사고까지

그들의 피와 땀으로
설치 검사 보수의 과정을 지나온
엘리베이터

언제나
조심하여 소중히 여기며
승하차를 해야겠다
무면허로 운전을 하는 특혜를
누리고 있기 때문이다

첫생일(돌)

쉴 새 없이
기고 또 기고
엄마따라 아빠따라
장난감따라

거실 주방을
바쁘게도 쓸어댄다

가끔은
알 수 없는 큰소리로
의사를 표하며

에너지가 넘쳐
줄줄 흐르기까지

손녀 예원이의
건강 증명서
바로
우리집 행복의 기준이다

걷기 전
이 참에 무릎걸레를 채워
엄마의 집청소를 돕는

효녀 1호로
등극시켜야겠다는 생각

가만히
실소가 머금어진다

2022.7.17

2와 0

서기 2020년 2월 20일 20시 20분
여기에 서있다. 지금, 내가
왠지 모를 아쉬움 속
텅 빈 0의 가슴으로.
아니 無자 화두를 지닌 스님처럼…

2022년 2월 22일 22시 22분과의 시간차는
2년 2일 2시간 2분이라는
황당한 공상을 떨치지 못한 채

이보다 더 묘한 수는 없을 것 같은
단세포적 생각은 왜일까?
내생에 다시 올 수 없는 시간이라는 관념이
나를 지배하고 있기 때문이다
그렇다 어쩔 수 없는 일이다 바꿀 수는 없다
2와 0
인류가 정한 수의 조합이 2와 0으로 이렇게
나열될 수 있는 지금

그리고 2년 후

서기 2022년 2월 22일 22시 22분
분명 누구라도 그에 어떤 의미라도 부여해 보고픈
시간일 것이다 참 소중한 시간이다

그로부터 200년 후
서기 2222년은 우리와 상관없는 미래일 뿐
2와 0으로 이처럼 잘 조합된 세월은 없다

여기서 문득
육십대의 아쉬운 끝자락
이 나이에 칠자가 붙기 전
인생의 한 획을 아니 의미있는 자취를
남기고 싶다는
다급한 희망사항이 조바심으로 눌려진다

아까운 시간이다
해보자 무엇이라도
하자 어떻게라도 변화시키자
일상을 즐겁게 그리고 뜻있게
시간은 나를 기다리지 않는다
황금같은 이 세월이다

서기 2020년 2월 20일 20시 20분

아버지

쉰 여섯 해를 살고가신 아버님의 삶
일제며 대동아전쟁 해방과 육이오 그리고 보릿고개
조상님으로부터 유산이란 아무것도 없이
줄줄이 어린 동생들만…
혼인으로 자녀육아에 세상의 갖은 고생 다 겪으시며
짧기만 했던 생
급경사에 미끄러지듯 빠른 세월
어느덧 오늘
쉰 여섯 번째 기일
묘소에 엎드려 통한의 삶이셨던 아버님의 생을
되뇌어 봅니다
아들 아들
맏 상주라며 썰매를 태워 주시고
시시때때로 코를 닦아 주시며 이 아들
어깨의 피고름을 빨아 뱉으시던
그 생생한 사랑의 모습
잊히지 않는 그리움으로 남아있는
나의 아버님
사신날만큼 세월이 흘러 있는 오늘입니다
다시 태어난다면

정말 아빠라 불러보고픈 아버지 그리고 마음껏
효도를 드리고픈 아버님
저 사는 그날까지 잊지 않으렵니다
아버님. 아버님의 그 사랑을…
그립습니다

2021.6.24 음력 5월 15일

닮았다

세기의 전염병
사스
세계인들 경각심에 잠시 있었을 뿐
잊혀진 질병
발원지
홍콩의 인구와 면적에 비례된 듯 미약했다

메르스
사우디의 강한 모래바람인듯
마스크를 씌우기는 했지만
단기간의 불편을 주는데 그쳤다
그 또한
발원지 인구와 면적에 비례되었다는 생각

우한폐렴
어쩜
발원지와 인민을 대변한 듯
광범위로 흩어져
수많은 인류를 괴롭히고 희생시키며
만만디로 눌러 앉았다

이에 더해
우한폐렴에서 코비드, 코로나19, 남아공 델타,
변종을 거듭하며
그에 열한단계나 지난 명칭
오미크론까지

변화무쌍의 가면 경극을 연상시키며
2년이 지난 지금껏 창궐하고 있다
그럼에도 여전히
진원지 부정으로 뻔뻔함의 극치를 보인다
닮았다, 나라를…

추후
얼마나 더 변종을 일으킬지 예측조차 어렵다
오미크론, 파이, 로, 시그마~~오메가까지
아!
인류에 지은 죄
어찌할까
중화인민공화국, 중공

2021. 12. 30.

녹

세계 속의 빈곤국
배고픈 코리아

민주적 가치
그 바탕 칠십여년

근면과 성실
피와 땀이 이뤄낸
경제성장 십대부국

민주화란
또 다른 가면
포퓰리즘에 국민은
현혹되었다

나라가 녹슬어 가고 있다

강한 쇠라도
닦고 보존하지 않는다면
부식이 된다

빠알갛게
쇠를 파괴한다
민주적 가치도 그렇다

유일의 분단국가
대한민국

공산당의 상징색
붉은색
즉
녹이 깊어지는 시국

국민들
인민으로 불려지기 전
붉은 녹을 닦아야 할
작금의 과제

아니 풀어야 할
우리 시대의 숙제!
나만의 생각일까?

2021.1

회한의 심사

그림딱지 몇 장
유리구슬 몇 알
큰 보물인양 만족해하던 어린시절
해맑은 동심
모래알처럼 수많은 꿈들
올챙이 꼬리인 듯 언제인지 사라지고
젊으나 젊은 청춘의 시절
세상을 다 가질 듯 지울 수 없던 열정
그리고 타오르던 욕망
또한 당당했던 패기조차
바늘구멍 풍선처럼
서서히 오그라진 날들...
결코 먼 길도 긴 시간도 아닌 듯한데
발자취는 희미하기까지 하다.
어느새
골 깊은 주름살
거울 모습 한심하고
이곳저곳 신체반란
나이 탓에 돌려놓고
회한의 심사로

바라보는 저녁노를
오렌지빛 먼 하늘이
서글프게 아름답다
비껴간 시간 어루만지며
그 세월의 뒤편에 멍하니 선채
어둠을 들어올리는
주황빛 하늘을 바라만 본다, 무심히…
내일이 오기는 할까…?!

가면

TV 속

화재로 인한 전신 및 안면 화상가족의 참담한 사연과 모습을 접하며 떠오른 생각.

가면!

예전 어디선가 보았던 우스꽝스런 실리콘 소재의 가면.

그러한 가면을 예쁘고 정교하게 제작해 누군가가 아니 나라도 저 가족에게 기증을 해준다면…

저 깊은 흉터로 인한 사람들의 시선에서 벗어나고

여러차례 재수술의 아픔도 덜어주며

평범한 일상까지도 가능한,

그리고 본 모습보다

더욱 예쁘고 잘생긴 얼굴의 가면,

더 할 수 없이 좋겠다는 생각.

그 순수무지의 생각, 이내 한계에 부딪힌다.

왜?

세상은 그리 순수하게 만만치가 않다는데 있다.

만약 기술발달이 되었다

또한 허용이 된다면

그리하여 하루에 여러사람의 얼굴로 여러 인생을 살 수 있는 사람들이 많다면…!

인류 사회의 모든 도덕적 가치 붕괴는 시간문제이며
갖가지 범죄의 성행으로
심각한 사회혼란을 넘어 그야말로 통제불능의
소용돌이에 빠져들 것이란 생각과
이에 대응해
가면의 제조부터 강력한 제재와 성형법까지
제정하여 통제해야 하는 사회가 도래함은
상상조차 하기 싫은 무질서의 무서운 세상,
그 끔찍함에 부딪힌 생각, 펜을 놓고 만다.

잠시 후
지금의 성형이나 보톡스도
더욱 기술 진전이 되기 전에 좀 더 신중한
법 접근이 필요한 시대적 숙제란 생각이 든다.
나만의 생각일까?

2020.12

인연의 끈

비가 내린다
가을비가
제법 세차게 때로는 추적추적
추위를 재촉하는 이 빗소리...

저며진 가슴
결코 함께 할 수 없는 먼 길
오랜 벗을 떠나보낸 날

애잔한 심사 잠들지 못해
늦가을 찬비
처마 밑에 앉은 상념

함께했던 추억들이
하나하나 우정되어
가슴속은 하염없네

떨어지는 빗방울만큼이나
헤아릴 수 없는 추억들이...

아! 그립다
남겨진 이 아린 가슴
나 몰라라 떠난 친구 봉록이 봉록이
너나 나나 사무치게 아쉽겠지만
이제 우리 인연의 끈을 놓자쿠나
천천히 천천히
부디 명복을 빌고 또 빈다.

2020.11.18

외로운 시대

이쯤의 나이, 가을날.
누구라도 한 번쯤 있어봄직한
주체할 수 없는 텅빈 가슴
그리고 불현듯한 순간의 외로움,
이를 지워보려 전화기를 본다.
읽을거리와 눈요기거리를…
그러나 이 외로움, 지울 수는 없다.
채워지지도 않는다.
빈 가슴은 그대로일 뿐,
인명부를 가나다순으로 밀어 올리며, 떠올려지는 얼굴,
수많은 사람들…
참 인연이 많기도 하다.
하지만 카톡이나 통화를 주저없이 눌러
마음의 대화나 헛된 농담이라도 나눌
편안한 상대나 친구를 찾기란
그리 쉽지가 않다는데서, 문득
아! 내가,
결코 잘 살아온 인생은 아니었구나!
자책이 살며시 가슴을 누른다.
코로나 19라는 시대적 상황에 전가를 시켜 조금의

위안을 삼기는 하지만,
　전화기 속의 지인들,
　한 사람 한 사람과의 인연
　참 소중하기만 한데, 정작 몇몇 한정된 수의 사람과 교류가 이루어질 뿐이다.
　문제다!
　이쯤에서 인연을 좀 더 소중히 여기며
　나로부터의 변화가 있어야 하겠다는 생각을 해본다.
　이 코로나 시대.
　마스크 착용시대.
　무대면의 시대.
　사람과의 거리두기로
　사람과의 간격이 더 멀어지는 시대.
　이렇게 세상은 급속히
　일인시대로 그리고
　이기에 갇힌 외로움의 시대로,
　빠르게 변화를 거듭하고 있다.
　서로의 소통이 절실한 시대이다.
　서로의 위로가 절실한 세월이다.
　따뜻한 사랑의 소통이 더욱 그리워지는
　이 가을에…

2020.9.15

혼돈의 세상

참으로 하 수상한 세월.
시대적 유행어가 참 많기도 하다.
그 예를 몇 가지만 나열해 본다.
적폐청산, 묵시적 청탁, 탄핵, 수감, 드루킹, QR코드, 부정선거, 짜빠구리, 광화문, 내로남불, 라임사태, 중국몽, 일대일로, 우한폐렴, 코로나 19, WHO, 코비드 19, 마스크 의무착용, 사회적 거리두기, 후베이성, 산샤댐, 구단선, 홍콩, 대만, 인도, 차이잉원총통, 트럼프, 시진핑, 김정은, 김여정.
그리고 국내적 인물, 박근혜, 최순실, 황교안, 문재인, 조국, 추미애, 김경수, 윤미향, 오거돈, 박원순, 안희정, 이재명, 송영길, 이낙연, 정세균, 이해찬, 유시민 외 이만희, 전광훈, 나훈아 등
그야말로 복잡다양한 신종 언어와 인물들…
그 정보의 홍수에 뇌의 용량은
기가를 넘어
테라의 범위까지 가동시켜야 하는 시대로 가고 있는 것 같다.
테라, 그 다음 단위는 무엇일까! 를
미리 연구해야 할 지경이다.
어찌되었든
지금껏 열거된 수많은 사건의 언어와 인물들의 정보를

종합적관점에서 반추해 본다면,
국가와 정치, 경제 그리고 사회는
불안, 불신, 불만, 불편이란 부정적 4요소가 팽배한 이 시대의 현실이다.
얼핏 큰 관점에선 일루미나티가 연상이 되며
그 의도대로 조종이 되고 있다는 생각이 들만큼…
평범한 도덕적 가치와 이성으로는
도저히 상상조차 할 수 없는
교묘한 말과 일들을 아무렇지도 않게
할 수 있는 사람들이 너무 많고,
이에 더해
헌법의 존재가치조차 부정의 정도를 지나
파괴적 발언과 실행을 아무런 양심의 가책도 없이 밀어붙이는
그야말로 극심한 내로남불,
무소불위의 정치상황.
어딘가 벼랑 끝에 서 있다는 사회적 위기감을 지나,
천 길 낭떠러지 절벽,
썩은 동아줄에 간신히 매달려진 아찔함…
금방이라도 떨어진 듯 아슬아슬 위태로운 세상이다.
혼돈, 혼돈, 혼돈의 세상이다.

2020.10

군림시대

지금 이곳.
북한인지, 자유대한민국인지,
아니 중국 그도 아닌 중화인민공화국?
코로나19라는 중공폐렴을 악용해
온갖 방법으로 국민을 위협하며 속박하고 우롱하는
이 공갈협박의 정치.
전체주의 아니 공산주의 속에 어느새 들어와 있다는 느낌.
알 만한 국민은 이미 공감하고 있는 것을 기정사실이다.
이 정부의 구성원, 그들의 정책수립이 말해주며
그들의 과거행적을 통해서도 이를 증명해주고 있기 때문이다.
이 정권, 무려 의문의 180석이란 의석.
그 무소불위의 힘으로 국민을 개돼지로 본다는 정치인들의 막말은
어제 오늘의 일이 아니기에 이런 상황까지 발생한다.
그대로 옮겨본다.

　[오산 시청] 경기도 편의점, 특정시간 취식제한.
　　행정명령(9.4) 21~05시
　　　편의점 실내 또는 야외 테이블에서

음식물 섭취를 위한 집합 및 이용과
　　　　취식행위 금지.

그야말로 누가 누구에게 명령을...
이 기막힌 발상, 어이없다, 가관.
군대 조직이냐? 조폭집단이냐? 뭐, 음식취식도 시간제?
사료공급처럼,
국민의 공복을 하겠다며, 대가리 조아리며,
표를 구걸하던 작자들의 태도가,
뭐, 명령, 행정명령, 으하하하~~
논다, 놀아~~
코로나19.
중국제 수입산 우한폐렴,
그 폐렴에 걸리고 싶은 국민이 어디 있는데?
그 자랑차던 K방역은 간데없고 함부로 주둥이망발.
누가 수입했냐?
방관자는 누구냐? 이 세균을,
공손한 문장으로 국민에게 협조를 당부 드린다는 문구가
　그리 어렵다더냐? 무소불위 180석이라서,
　화가 난다. 이쯤되면 막가자는 거지요?
　그 잘난 권위로 우쭐해서 국민을 개돼지로 보는 정치습성,
　그 의식에서만 나올 수 있는 거만스런 문장.

《음식물 섭취를 위한 집합금지》취식금지 9시 이후.

기가 막힌다. 국민을 단지 먹기만을 위해 모여지는 집단으로 매도하는 이 편협한 시각.

그 뒤에는 군림적 사고가 다분히 그리고 교묘히 내포되었음을 변명의 여지없이 여실히 보여진다.

이들 정치인들의 군림적 사고 그 사고를 타파하는 것이

곧 상호인권이며 또한 수평적인권이 곧 민주라는 생각을 정리해 본다.

이 엄중하기만한 중공폐렴시대.

경제는 파탄지경, 국론은 분열, 비리천국, 갖가지 술책의

국민 편가르기, 민심은 흉흉.

그야말로 총체적 난국에 공안통치까지.

한치 앞을 예측할 수 없는 이 혼돈의 시대.

절망적 미래가 올 것만 같은 불안.

좌불안석의 시간만이 지리멸렬이다.

제발 큰 변화가 아닌 그저 평범한 일상이 있는

이전과 같은 그런 사회가 다시 오길 기다릴 뿐이다.

2020.9.9 예전 국민

중공폐렴과 8.15

시시각각 신호음.
#CMAS #SEVERE 라는 코로나19에 관한 문자 메세지.
발신자는 중대본(중앙재난안전대책본부).
그리고 경기도를 비롯하여 평택, 안성, 오산, 화성시 등 휴대전화가 움직였던 모든 지역들에서 환자발생상황에 대한
알림 문자가 쇄도한다.
그에 더해 서울의 사랑제일교회(전광훈 목사) 예배자와 백만여의 광복절
광화문집회 참가자들을 향해,
미검사시 벌금(2~3백만원)과 전염 시 구상권청구란
위협문자를 무차별적으로 발송한다. 온종일…(중대본, 경기도, 평택시)
마치 범죄자는 자수하라는 듯이…
질본(질병관리본부)과 경기도에서,
확인 버튼을 누르지 않고서는 전화와 메세지는 물론 카톡이나 타영상까지
볼 수 없도록 강제된 문자메세지.
그야말로 문자폭탄테러 그 자체이다.
시시각각 동선을 확실히 감시받고 있다는 느낌의 이

더러운 기분.

   가끔은 전화기를 길바닥에 내팽개치고 싶은 충동이 일어날 만큼이다.

   이 팩트를 간첩이나, 산업스파이를 체포하는데 사용되었으면 좋겠다는 생각이 들만큼…

   코로나19,

   우한폐렴, 중공폐렴, 세균테러라는 등식으로 연상이 된다.

   이 세기의 전염병을 차단하지 못한 정부의 정책 정말 유치하기까지 하다.

   초창기엔 신천지란 특정교회에 떠넘겨 마녀사냥식 핍박을 해대며

   대구폐렴이란 말까지 만들어 정치놀음 이용했고

   점차 확진자수가 줄어든 때에는

   K방역이란 자화자찬적 미사여구를 쓰며 국민을 기만하고

   유난히 미국과 일본의 확진자와 사망자를 마치 방역실패와

   의료수준 미흡처럼 집중 보도하던 매체들…

   이에 더해 재난지원금과 소비촉진을 위한 명분의 상품권 할인권 등을

   지급하며 조삼모사적 선심으로 혈세를 낭비하고

   선거공약을 획책하여 국민을 우롱하며 좌클릭으로

선동했다.

  그 후 확진자가 갑자기 늘어난 이 시점, 광복절.

  광화문의 반정부시위를 주도했다며 전광훈목사와 여러시민단체에 의해

  감염이 확산된 듯 교묘한 조작보도로 연일 정부의 나팔수 매체들이

  일제히 떠들며 한 목소리를 낸다.

  광복절 집회 기점에서 삼백여명의 확진자가 나왔다며,

  민심을 선동하여 종교탄압으로 마구 몰아가는 이 시국,

  잠복기조차 무시하고 검사자수는 안 밝히고 확진자수만을 상기시켜

  국민적 불안을 야기시키며 통제하려는 작금의 현실.

  염증을 느낄 지경이다.

  또한 대중국 굴종외교로 진원지 중공우한의 관광객들이 다시 쏟아져

  들어오는(8월 10일) 현실은 외면한채,

  마치 숲 속의 창문을 열고 손바닥으로 모기 잡는 격의 정책을 은폐시키며

  심지어 일기예보까지 통제하여 실 강우량보다 열 배나 부풀려 300mm를 발표하는 등,

  과연 이 정부, 유치의 끝은 어디까지가 될 것인가 한숨이 절로 난다.

  이 나라의 현실, 어찌 이 지경에까지 이르렀을까!

말 바꾸기는 기본, 일말의 양심조차 져버리며 정치용어 한 마디 마다에 남 탓이다.

책임있는 정치세력은 아니다란 이 마음이 괴롭다.

통탄스럽다.

국민이기를 포기하고 싶은 심정이 일기까지 한다 때때로…

그야말로 내로남불의 극치를 보며,

국민교육헌장이 생각난다.

1968년 12월 5일 대통령 박정희

아! 차라리 그 시절이 그리워진다.

그나마 조금 남아있는 민주적가치와 자유시장경제, 그리고 인권까지

모든 것이 유린된 공산주의나 사회주의 쪽으로 점차 끌려가고 있다는

이 위기의식은 비단 나만의 생각일까?

묻고 싶다. 그리고 어딘가에 호소하고 싶다.

큰일이다. 이 나라의 앞날.

안개 속 정국, 심히 염려된다.

다시 생각한들 답은 없다. 역부족이다.

포기하는 이 심정…

에라, 될 대로 한 번 되어봐라.

한 번도 경험해 보지 않은 나라로…

추락의 끝자락까지,
강냉이 밥, 감자밥 다같이 먹고
이 밥에 고깃국 먹을 날 꿈처럼 기다리며
행복까지도 배급 받는 나라,
유토피아 그곳으로 우리 함께 갑세돠 그려.

2020.8.24

우한폐렴 1

2019년 12월.

중국 후베이성 우한에서 최초 발생했다는 중대한 전염병, 우한폐렴.

이제껏 인류가 직면한 질병 중, 전염속도가 빠르고 치사율이 매우 높다.

예방은 물론, 치료제조차도 없다.

전세계가 긴장하고 있다.

중국과의 교류가 많은 나라들 순으로...

한국, 이탈리아, 이란, 일본 등의 국민들에게는 국가적 비상을 넘어,

해외에서조차 입국금지를 당할 만큼, 이미 국제적 재난 상황이 되어 있다.

시시각각 뉴스로 접하는 참담함이란 그야말로 생지옥.

사람과의 만남조차도 서로를 꺼리게 하는 선동적 방송으로 어쩌다 보이는 거리의 사람은

모두가 마스크를 착용한 진풍경.

온종일 이어지는 뉴스에서는 초창기의 미흡했던 정치적 대처를 은폐하고 특정종교(신천지 예수교, 교주 이만희)가

감염을 크게 확산시킨 주범인양 탄압을 하며 본질을

왜곡하여 얄팍한 떠넘기기식 여론몰이 정책을 펴는 이 정부.

그리고 고위 인사들의 한심한 작태들...

중국공산당으로의 속국적 행태.

정책과 발언들이 분노를 넘어 치근들 하기까지 한 이 심정, 비단 나 혼자만의 마음일까?

2020.2.29

우한폐렴 2

 우선 중국의 국격을 실추시킨다며 우한폐렴에서 코로나 바이러스로 또다시 WHO의 공식명칭이라며 코로나19로 불려진다.
 우한폐렴, 나는 그렇게 불러주고 싶다.
 전세계를 공포의 도가니로 처박아버린 유행성 전염병 코로나19, 아니 우한폐렴.
 세계사에 유래가 없는, 현재 75개 이상의 나라에서 한국인 입국금지에서 격리수용까지,
 그야말로 혼돈이란 말이 실감나기까지 한다.
 특히 감염자가 많은 진원지의 중국, 그들 동맹인 러시아, 몽골과 북한에서까지
 자국민 보호책으로 국경봉쇄의 강경대처를 시행하는 이 시국에 어찌 이 정부의 대처는 그야말로 중국의 속국인 양,
 오히려 그들을 극진히 모셔 우대하여 치료며 각종 물품에 지원금까지 제공하였지만,
 정작 우리의 사정이 악화되자 오히려 적반하장식의 한국인 자부담 감금조치에 입국금지까지 자행하는 중공.
 여기에 더하여 저들 중공은 발생 진원지가 중국이 아닐 수도 있다는 거짓 주장을 매스컴을 통해 발표하는 등,

오랑캐적 그들의 비도덕성에 환멸을 느끼며 중국 공산당과 북한 괴뢰의 손아귀에 잡혀있는 듯한

이 나라, 이 현실이 개탄스럽기까지 하다.

이 난국이 대통령이 후보 시절 그가 공약한 한 번도 경험해보지 않은 나라인가 묻고 싶다.

이제는 우방인 미국 및 세계 각국들까지 한국인 입국 금지가 될까 염려스럽다.

코로나, 코로나, 한국과 중국.

코리아와 차이나를 싸잡아 연상하며 비하되는 국제적 조롱거리가 되지 않을까, 심히 염려가 되는 엄중한 시기이다.

2020.3.2

우한폐렴 3

인류의 역사에 이토록 절망적 역사는 일찍이 없었던 것만 같은 이 참담한 현실...

호흡을 하면서 공기의 고마움을 모르고 살았던 우리…

세기의 전염병

코로나 바이러스가 창궐한 이즈음, 평범했던 일상이 행복이었다는 진리를,

이 혼돈의 시대에 직면해서야 아프도록 돌아보게 된다.

세계 최대의 경제 대국, 미국의 라스베가스에서조차 모든 경제가 한 순간에 마비되고 피폐된 듯

카지노 업체는 물론 모든 다중이용시설까지 중앙정부차원에서 폐쇄명령이 시달되는 한편, 끝없이 추락하는 세계의 증시.

그리고 나의 짧은 상식으로 알 수 없는 갖가지 경기부양책, 서민경제 부양정책 등을 논하며 실행하는 이 시국.

수많은 전염국과의 국경 폐쇄 및 여행금지, 입출국금지.

나아가 시민들의 불필요한 외출 삼가 등, 이 엄중하

고 암담한 세균과의 전쟁사태.

  사람과의 만남조차 두려워 인파가 끊어진 텅 빈 죽음의 국제도시, 라스베가스.

  그야말로 어느 외계의 혹성처럼 황량하기까지 하다.

  이 아픔의 난세.

  하루속히 각국이 협력하여 특효적 신약이 개발되고 보급되어 이 난국이 타개되기를,

  간절히 소망하는 마음으로 이 글을 남겨본다.

  가장 평범할 때가 가장 행복인 것을…

2020. 춘분 날에

우한폐렴 4

또 하나의 커다란 획을 그어 남겨질 이 고통의 인류역사 코로나19, 중국 폐렴.
전세계적 세균과의 전쟁.
어느 한 나라도 안전한 곳은 없다.
사람들간 병원체 전파를 막는다는 미명 하에 모든 행사 집회는 물론, 개인의 만남조차도 일정거리 유지를 홍보하여
꺼리게 하는 초유의 비상사태, 격일제 남녀통행금지까지 행하는 나라에 20세 미만 65세 이상 외부 통제, 나아가 전국민을
불필요한 외출을 통제하며 여기에 더해 마스크 한 장 구입에도 신분증을 제시해야 하는 등, 그야말로 모든 일상이 정지된,
감옥이란 말이 현실로 와 닿는다.
국가간 항로폐쇄는 이미 일반화된 지 오래이고 매일 매일이 뉴스마다에 감염자와 사망자수를 집계 발표하며 현재 추이 상태를 보도한다.
이곳 미국의 방송에서도 진주만 전쟁이나 911테러 때보다 더욱 심각한 상황이라 보도되고 있는 작금의 현실…

세계 경제까지 큰 폭의 마이너스로 퇴보되고 있으며 여기에 더해 세계적 식량난까지 예측하는 이 혼돈의 시대.

암울하기까지 하다.

하루속히 신약이 개발되어 이 사태를 종식시킬 날을 학수고대하며,

이 참담한 역사는

분명 세계사를 코로나19의 전과 후로 나누는 새로운 기점이 될 것이란 생각을 떨칠 수가 없다.

그리고 이후 사태가 진정될 즈음부터는 어떠한 책임 소재를 분명히 밝히려는 작업이 진행될 것이며,

만약 인위적 사실이 밝혀진다면, 크나큰 도덕적 치명타는 물론 세계적 맹비난 속에 국가 간 손배상을 문제가 제기되고

국가위상추락, 외교단절, 정권교체나 내란 상황으로까지 비화될 것 같은 중대한 사안이기도 하다.

꼭 그렇게 되어 이 기회에 인류의 앞날은 새로운 도덕적 가치관이 다시 확립되는 계기가 되길 바라는 마음이다.

행복한 후손들을 위하여…

2020.4.7

자가격리 1

 항공기 사정상 예정보다 삼십여일이나 늦어진 귀국길.
 늙으신 누님들과 아쉬운 이별길이기도 하다.
 라스베가스, 시애틀, 인천공항, 동탄 그리고 송탄.
 결코 쉽지 않은 멀고도 먼 여행.
 자가격리란 짓눌린 부담감을 안은채 어려운 귀국.
 공항의 통관검사 후, 한 코스마다 방호복요원들의 안내와 지시에 따라 설문지와 격리통지서 작성, 체온측정, 검역확인증.
 이에 더해 앱(APP)이란 것을 휴대폰에 입력시키며 코로나19의 검역과정을 지난다.
 또 다른 요원들의 안내를 따라 지정된 공항버스 도착까지 오랜 시간을 기다린 끝에 운전석과 분리칸막이가 설치되어
 환자 이송용으로 제조된 듯한 버스로 동탄까지 이동.
 다시 평택시에서 제공하는 버스로 환승.
 지역보건소, 진료 및 검사, 설문까지 완료 후 14일간 자가격리를 위한 여러 생필품을 제공받고 또 다시 필수의무사항이라며 휴대폰에 앱설치를 종용한다.
 앱이란, 한 마디로 24시간 동선파악은 기본, 일일 2

회 이상 현재 증상을 보고하도록 하는 등, 그야말로 보이지 않는 구속이란 말이 무리는 아닐듯 하다.

물론 친절한 담당공무원들의 노고를 생각하면 적극적 협조가 마땅하겠지만…

어찌됐든 이 초유의 코로나19 아니, 우한폐렴균의 빠른 소멸과 함께

다시는 인류역사에 이토록 고통을 주는 비상식과 비도덕적 질병을 야기시켜서는 안 될 것이다.

이 참담한 인위적 세균사태.

반드시 결자해지의 책임과 인과응보의 응징적 결과는 분명히 따를 것이란 생각을 정리해본다.

2020.5.11

자가격리 2

해외입국자.

궁극적으로 타인에게 질병을 전염시키지 말라는 취지, 예방차원으로 행하는 정부의 대의적 강제조치, 자가격리.

누구라도 썩 기분이 좋지 않은 감금의 느낌은 기정사실이다.

오죽하면 담당기관 정신건강팀 누구라며 불안, 초조, 불면, 그리고 우울감이나 감정조절의 변화가 있다면

상담을 요청해 달라는 메세지까지 보낼까마는...

이 참에, 위기를 기회로 라는 말에 공감을 더하여 어차피 홀로 인생.

무엇인가를 한 번 실천해 보겠다며 한 생각을 바꾼 오롯한 일상.

명상과 공상을 즐기기도 하며 비록 어두워진 눈이지만, 돋보기에 의지해 몇 권의 책이라도 읽을 수 있는

좋은 기회로 활용하여 때론 지금껏 바쁘다는 핑계, 그리고 하기 싫은 게으름으로 미뤄왔던 잡다한 집안일이며

주변정리라도 계획실천한다면 14일이란 그리 긴 시간은 아닐 듯 싶다.

14일, 14일, 혼자만의 14일.

명상, 공상, 독서, 주변정리, 그리고 대인대면 관계가 없다, 에 문득 아하! 이 기회, 지금까지 평생 못해본 일,

수염이나 14일간 길러보겠다는 착안 계획을 하고, 매일 매일 연상적 거울을 보는 마음, 즐겁기까지 하다.

후에 사진으로 남길 계획 또한 재미있다.

즐거운 기대가 된다.

추억도 될 것이다.

인생 뭐 있나?

한 생각을 바꿔 즐거움을 찾자, 시간을 지배하자.

인생은 짧다라 하지 않는가.

그 인생에,

지루함은 사치일 뿐이다.

2020.5.13

덕담

목례
고맙습니다.
이 자리에 축하를 위해 참석해 주신 친지와 여러 지인분들께
마음으로부터 깊은 감사를 드립니다(인사)
그럼 이 자리를 빌어 오늘의 신랑신부에게
인생의 선배로서 또한 부모로서 한 가지만 부탁드리겠습니다.

남아프리카 어느 원주민의 말 중에 우분투란 말이 있습니다.
그 우분투를 우리말로 해석한다면
우리가 있음으로 내가 있다라는 뜻이랍니다.
참 좋은 뜻이라 생각되어 오늘의 주제로 삼게 되었습니다.
우 분 투.
흔히 사람들은 나를 위주로 생각합니다.
내가 있음으로 우리가 있는 듯이…
그러한 이기적인 삶에서 가끔은 의견차나 갈등이 생기곤 하지요.

그 때 바로, 우분투를 좌우명처럼 떠올려 서로를 양보하고 또 이해하려는 부부가 되어 주길 간곡히 바라는 마음을 전합니다.

그리고 이 자리를 빌어

사랑 예지 훈련을 하나 제안할까 합니다.

자, 내가 선창을 하면 신랑신부는 큰 소리로 복명복창을 해주세요.

(신랑신부 좌우향우) 지적 준비

우리는(나) 하나다(신랑신부) 세 번 박수(나)

이로써 덕담을 가름하며 오늘 이 자리를 빛 내주신 여러 친지와 지인분들께 거듭 감사의 뜻을 전합니다.

고맙습니다(인사).

2019.10.5 아들 결혼식에서

가족들에게

세상을 다 가졌다 해도
또한 못 가졌다 해도
결국
시간을 지배하지 못할 인생
영원의 시간과 무한의 공간에
한 티끌로 던져진 인생의 시공은
이제나 저제나
그리고 이승이나 저승이나
비교의 가치조차 없는 무상의 삶.

本來無一物의 그 無로 돌아갈지니
크게 가여워 할 일도 아니요
또한 애통해 할 일도 아님에
그저 잘 가겠느니
인연을 다했음으로 여겨
담담히 잘 받아주고

그대들의 인생은 삶에 애착을 갖고서
그대들의 생이 다하는 날까지 열심히 살며
행복한 나날이 되기를 간절히 바라는

깊은 마음을 전하며
영별을 고하고자 이 글을 남깁니다.

사랑하는 박순임, 장수앙, 장하림
사위 그리고 며느리 손녀
그리고
모든 지인들과의 인연을
마음 깊이 담아갑니다.
사는 날까지 모두모두 꼭꼭
행복하세요.

*참조
혹 이 몸이 인지도가 현저히 떨어져 삶의 가치가 없을 때에는 금전적으로 연명치료 없이 속히 그리고 안락히 잘 보내주기를 간곡히 부탁드립니다.

묘비글

이제는 걱정마
아빠는 원래 자리
잘 왔어